JN408855

情

情 정

정화 시집

오늘도 어제 같고
어제도 오늘 같은
질곡에 세월

속 겉 다른 정
익숙지 못해
속속들이 다 퍼주고
남은 거 하나 없는
텅 빈 가슴

세상 껴 정만 빼고
무엇도 채우기 싫어진
빈 가슴

나는 언제 마음 띄우고
가득 채운 정
펼치고 웃고 살
오늘 오려나

문학공원

<자서>

예불

이른 새벽
눈뜨는 어둠으로
고요가 가시기 전
겁 없이 날뛰는 삶을 눕히고
죄 없다는 삶을 타이르는
수원사 보살님에
예불 목탁소리
삼라를 가로질러
만상을 덮으며
메마른 삶 생동을 싹 틔우니
기다림에 안위 보담
참선이 덕이라고

2014년 초겨울

정 화 드림

차 례

1부 복숭아 세대

차 례

2부 무제

차 례

3부 아해

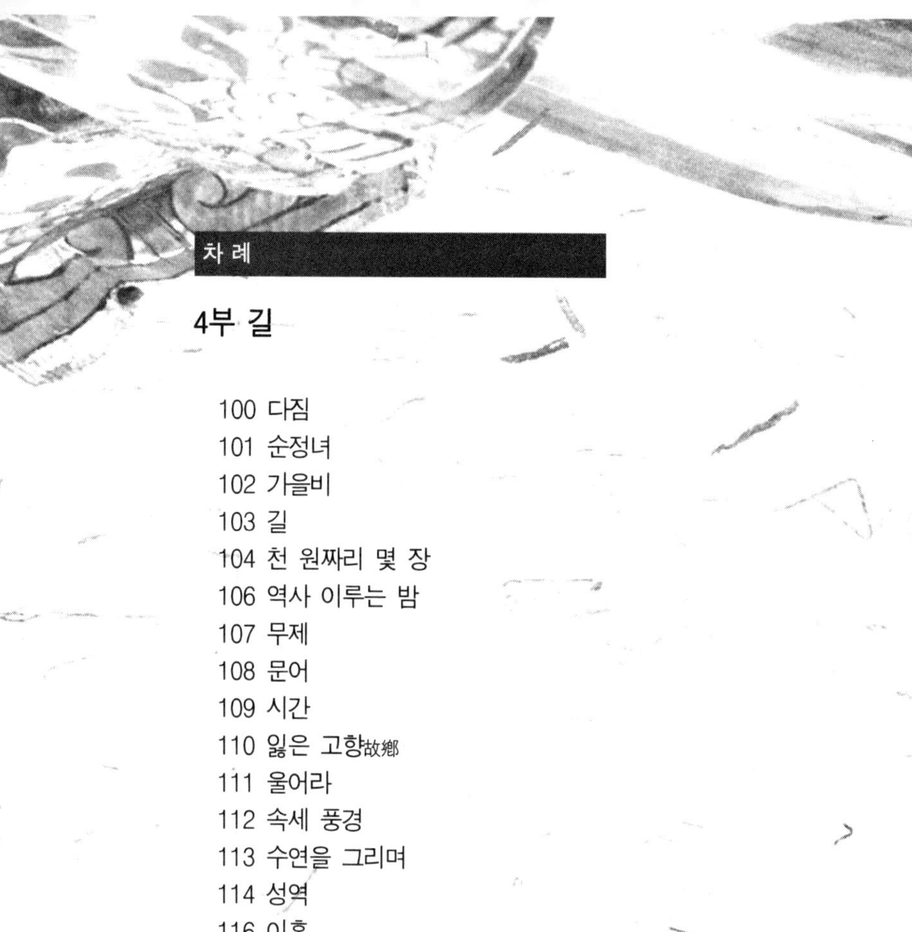

차 례

4부 길

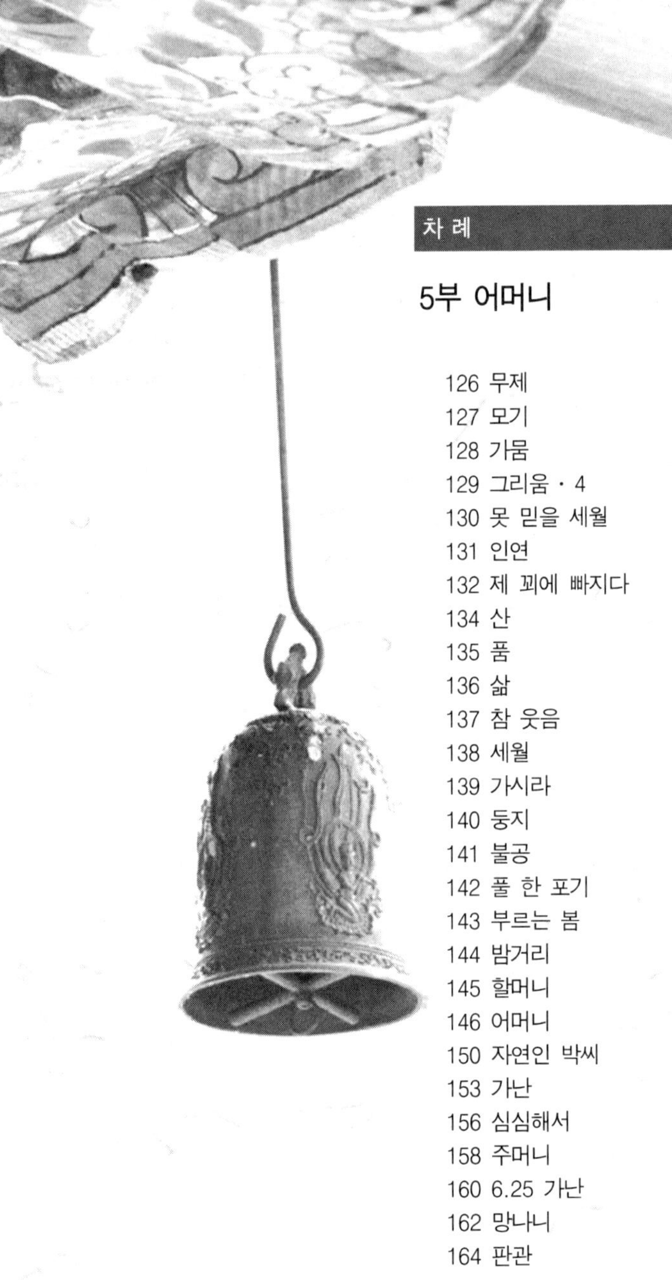

차 례

5부 어머니

1부
무 아

도시 나들이

도심 속 딸네 집
허우대 멀쩡한 아파트
덜렁 편한 침대 잠자고
식사는 어중간 때를 비킨
걸치기 빵 조각에 우유
그리고 커피 한 잔
먹어도 배부를 일 없으니
허기진 배는 현기증이 난다

문 열고 나와 승강기를 탄다
들어선 모두는 지척 이웃들
눈인사 나마 건네야 상정
세넷은 눈감은 봉사마냥
우두커니 그냥 섰고
네댓은 아주 등 돌려
딴전이다

큰길 나선다
사람 사람 사람
밀려드는 사람에 치어
겁먹어 놀란 눈
시점을 잃는다

겨우 비집고 빠지니
길 바꾸는 건널목
겹겹 몰려 선 사람
줄지어 기는 차
한 번에 우~ 터지면
무슨 탈 생겨날까
가슴팍 졸인다

지독한 피로가 온다
산촌 내 집이 그립다

여승

시리도록 흰 얼굴
반들한 삭발머리
곱고 번듯한 걸음

수줍고 애 띈 얼굴
무슨 사연 있어
잿빛 장삼 가리셨소

지고 말 꽃이지만
아직은 꽃봉오리
어떤 연으로 출가했소

그대 바라보는 나
어린 눈 쓰라려
깊은 가슴 속 눈물 솟으니

부디 잿빛으로 감춘 염원
소망 이루고
환하게 웃으소서

아랫목

지금은 아무도 앉기 않는
아랫목

언제고 어머니는
장죽에 엄지 손 까맣도록
엽초 짓눌러
빼끔 담배로 앉아 지킨
아랫목

덜컥 어머니 가시고
군불 안 지피니
아이들마저 앉지 않아
마냥 썰렁한
아랫목

情

오늘도 어제 같고
어제도 오늘 같은
질곡에 세월

속 겉 다른 정
익숙지 못해
속속들이 다 퍼주고
남은 거 하나 없는
텅 빈 가슴

세상 것 정만 빼고
무엇도 채우기 싫어진
빈 가슴

나는 언제 마음 틔우고
가득 채운 정
펼치고 웃고 살
오늘 오려나

긴긴 세월 지난
오늘도
어제 같은데

아라리 · 1

구비 도는 물길 따라 길 난
뱃길 나루터
한사코 뱃삯 마다한 사공
뒤로하고 들어선 영월 땅

길 따라 당도한 첫 집
툇마루 앉아 쉬는 길손
한 자락 먹구름 앞산 넘더니
멋대로 울 넘어와
주루룩 퍼붓는 비

산 아래 밭뙈기 매는 아낙
쏟아내는 비 아랑곳 않고
구성진 아라리 한 자락
울 엄마 날 낳을 때
뭘 먹고 낳았기에
배곯는 고생하나
아리 아라리요

코 끗 찡한 길손

쥔 할머니께 말을 건다
근심걱정 없느냐고
걱정근심 없담 어디 사람
죽은 송장이제

해설핏 그림자 지고
땅거미 내리는데
할머니께 또 말 건다
바라는 거 뭐 없냐고
이 좋은 세상 살면 되지
뭐 더 바라나
여기서 더 바람 도둑이제

살 풍경

찌푸려 상기 잃은 하늘
살은 대지를 노려
깡숭이 헐벗은 사물에
차디찬 눈보라를 일어센다

더 야윌 수 없는 가지마다
살바람과 맞붙어 싸워 울고
크고 작은 모래알
바람과 맞서 달아난다

고요함이 비길데 없는 집집
주검이 숨어있는 묘지인양 한데
오직 외딴집 벙어리 노파가
철없는 아들을 쫓아내며
울어대며 북새긴다

포옹抱擁

사랑하노라고
버거움에 가쁜 한숨의 말
나도 같이 믿노라고
들어찬 마음 숨결은 멎었다

서로 팔이 얽히고
설킨 혀에서
단물이 나올 땐
우린 모르오
선땅이 꺼져도

무아無我

나 좋아 살 자기에 살자 했고
나 싫어 간다기에 가라 했소

그래도
또 좋아지면 또 오고
또 싫어지면 또 가오

내 집은 대문이 없고
마음은 열려 있으니
나는 죄가 없소

아라리 · 2

중신아비 성화 못 이겨
들어선 억새지붕 두옥斗屋
흙 돌 엇갈아 쌓고
대충 흙으로 문댄 집

바람 불면 태질하는
펄렁이는 거적문
부엉이 우는 밤이면
측간가기 무서워
설설 오줌을 쌌다

인정 없는 세월에 휘둘린
비쩍 마른 딸년
개울서 빨래 두드리며
아라리 한 자락

고생하라 태어난
기박한 팔자
우리엄마 나 왜 낳으셨나
아리 아라리요

봄

봄이 온다
빈산 아직 춥고
마음 그냥 시린데
까치 한 쌍
헌 집 손보고 닦는다
봄이 저만치 오고 있나 보다

갯벌

내 설움 네 설움이 모여
진흙탕 갯벌에
도랑이 흐른다
낮이면 늘 갯벌 더듬고
밤이면 힘겨운 세월 안고 잔다

꽃다운 새색시부터 평생
갯벌서 살아온 나날
어떻게 애 뱄나 알도 못하고
집에서 갯벌 오가다
번쩍 악쓰면 쑥 나온 애가
아들 딸 삼 남매

어디 한 번 가본 적 없고
오로지 갯벌서만 살아
타고난 복이라 믿고
그래도 웃고 산다
미운 사람 하나 없이

머언 길

그 머언 길을
어떻게 가나
생각만 해도 맥이 탁 풀려
일손을 놓고 마는
그 머언 길을

태고부터 구전으로만
전해와
어렴풋 짐작만 알 뿐
도무지 알 수 없는
그 머언 길을

지금껏 누구 한 사람
가곤 아니 와
물어 보도 들어 보도 못한
그 머언 길을

말 한 마디면
나는 새도 떨어뜨릴
큰 권력으로

영생을 꿈꿔
많은 사람 풀어 불로초 먹은
진시황도
배겨나지 못해

끝내 가고만
그 머언 길을

나도 가고 너도 가야 할
그 머언 길을
어떻게 가나

할미꽃

하필이면 묘 옆
터 잡아
부끄러워
고개 못 쳐들고
숙이고만 사는 할미꽃

명품

나만의 명품 내 아이
특허 없이도 걱정 없어
누구도 따라 못하는
나만의 특허 내 아이

뜬다 하는 명품이면
귀신같이도
뚝딱 잘도 만들어대는 세상

그러나
우리 아이 내 작품
아무리 명장 재주꾼이라도
똑같이는 못 따라 할 터

나무

나무들
땅속 지地기 빨아
살찌우고
밝은 햇빛 광기로
키를 키운다

춥고 비바람 풍상
넘기려
해마다 한 벌씩
옷 껴입고

고된 세월 넘느라
힘 부치면
묵은 가지
삭정이 만들어
버리고 늘 꿋꿋이 섰다

눈

눈 덮인 세상
차별이
눈 속에 묻혀
드러나지 않아
마음 푸근해
비워진 마음
가진 것 무어건
베풀고만 싶다

미혼모

남들은 축복 받으며
병원 문 여는데
나는 사람들 눈치보며
병원 문 들어선다

남들은 온가족 바램으로
산실서 즐기는데
나는 누가 볼세라
혼자 숨죽이며 아일 낳았다

다른 아이는 병원이 떠나갈 듯
소리치며 우는데
내 아이는 무섭고 겁이나나
절규하듯 울어댄다
단지 미혼모 자식이란 죄련가

문턱

변변치 못하게
어거지로
살아온 나날
손 발 핏기 엷어져
댓돌서 마루 오르고
마루서 방 드나드는
문턱이
높은 둔덕같이
이리 높을 줄
미처 몰랐으니

떨거지들

욕심 사나운 떨거지들
맑은 곳을 흐린다
머리만 깎아 밀었지
설마하니
스님은 분명 아닐 터
떨거지가 분명하리

눈앞 이익 눈멀어
떨거지들 서로 패 갈라
낯선 각목 휘두르며
법당 뜰 앞 치고 들어
법석 난리이다

말똥 한 눈앞 보이는
주지자리 꿰차고 싶을 터
그 자린
부처님 웃으셔야
앉을 자리

각목 든 떨거지가

앉을 수는 없는 법
부처님 세상이
그리 만만치 않을 터
각목 든 떨거지가
어디라고 앉나

차라리 정성 들여
백팔 배나 드리지
그래도 모자라면 일천 배
또 모자라면 삼천 배

누가 아리
지성이면 감천
감동하신 부처님
용서시고 환하게
웃으실지

반쪽 사랑

사랑은 마음만 갉아먹는
좀 벌거지
사람이 사람 사랑함이란
차마 못할 짓
그대는 멀리만 있고
다가설 용기 없는 나

안타깝게도
손 한 번 잡지 못하고
한 번의 속삭임 없이
허전이
뒤안길 접어들어
빈 술잔
그리움만 채우고
멀리만 보며 웃지

칠월

한창 칠월이면
터져 날 것처럼
물올라 짙푸른 녹색 숲
어쩌려고 저리 짙푸른가
금방이라도
쥐여만 짜면
시퍼런 물이
툭 삐쳐 올라
산고랑 타고
졸졸 흐를 거만 같다

회기

갈대밭 불타누나
치솟는 불길
솟구쳐 오르다
재 돼 떨어져
봄 오면 돋을 새싹
밑거름 되는 회기

연어가
작은 개천 얕은 여울 태어나
드넓고 거센
태평양 돌며 자라
태어난 개천
돌아와 알 낳고
죽어지는 회기

사람도
부모님 합하는 순가 태어나
덧없는 세상 살다
다 털고 빈손
땅으로 들어
사그러지고 마는 회기

무제

수만 대 일 비율로 태어난
귀한 몸이
울긴 왜 우나
웃고 살아도 아쉬움 남는데
이 세상 누구도
한정된 시간 두고 사는 것
아무리 울고 울어도
걱정 근심은 여전할 터
왜 우나 울긴
억지라도 웃고 살아야지
울 일도 웃고 살면
시간 가면 절로 웃을 터

노인老人

그전엔
미처 몰랐지
언제부턴가
세월 가는 소리
자박자박
느낌으로 들리더니

친구들 하나 둘 떠난
요사인
세월 가는 소리
저벅저벅
울려 들린다

무소유무위無所有無位

법정스님
다비식에 타오르는
장엄한 불길
불과 함께 치솟아 번지는
무소유 무위에
목탁소리 들린다

스님도 사람이거늘
실심失心도 하시련만
평생을 비운 맘
어기지 않고 실천하신
무소유무위
법정스님

법정스님
사바세상
신세지고 가신 건
기웃 등 용케도 서있는
거적 같은
오막살이 단칸방

그리움 · 1

가곤 아니 온 어머니
보고픈 그리움
그지없어
알 수 없이 요동치는
억겁 속 빠져들어
떠돌다
흔적 없이 사라질
허접 쓰레기 내가
바라는 걸 얻기 위해
억지 발버둥으로
생떼 쓰는 아해처럼
오로지
어머니 뵈일 운
요행 바라
코 눈물범벅 친 얼굴
여기저기 디밀며
환상이나마 보고파
웁니다
어머니…

참는 버릇

돌을 씹어 삼켜도 삭혀낼
아이들이
배고파 뛰놀질 않는다
능력껏 사는 민주국가라지만
서민 평생 벌어도
한 칸 집 마련 쉽잖아
위정자 누구들
수십 채 집 건사하며
떵떵 거리고
외국을 이웃 드나들듯
펄렁거린다
못난 서민은 배고파도
참는 버릇 있다지만
배불리 먹어야 자랄
아해들이
무슨 죄인지
입만 열면
국민을 달고 말하는
위정자들
배고픈 설움이나
아는지

2부
무 제

무정無情 강물

권력이 물에 섞여 흐른다
하늘 찌르듯 시퍼렇던 권력
칼로 내리쳐도 꿈쩍 않고
사람들 눈총도 아랑곳없이
용케 배겨난 권력
한줌 재로 변해
강물과 희석되어
물고기들 그 물로 숨쉬며
아이들 미역 감고
어부들 그물질하는
물길 따라 흐른다

법정스님

무소유무위 삶의 실천
삶을 던지신
각고에 피나는 노력 없인
누구도 엄두 못 낼
법정스님

법정스님
무소유무위 삶 실천하시려
산속 오두막 들어
귀 막고 눈감아
부처님 진리 깨우치려
한 몸 던져 불사르신
부처님 법정스님

여자

서러운 가슴앓이 시련은 가고
멀리만 있던 행복 찾은 날
들뜬 맘 울지도 웃지도 못했다

희열로 지샌 짧고도 긴 밤
탈 바꾸어 여자 되니
이리도 설레고 부푸나

첫날밤

낯모르는 밤 첫날 밤
그대와 내가
힘들게 택일해 얻은 밤
행복한 꿈을 꿔야지
무얼 하며 어찌 지냈는지
투미하게도
도무지 모르는 선밤 되었으니
어렵사리 기약해 치장하고
거북 등 타고 용궁 들어
돈 발라 만든 이불 덮고
뻘뻘 땀 흘리며 선잠자고
눈뜨니
햇살이 눈부시다

아我

어쩌나
세월을 거저 살고 왔으니
빚만 지고
늘
때면 밥은 절로 생기고
밤이면
잠자린 의당 있을 거라
그냥 살았으니
세상 일
공짜 없음이 상정
가진 것 없고
몸만 천근인
이제야 깨달아
무엇도 못하니
태평성대나
빌 수밖에

세월 무정

얼마나 해묵어 뭉그러졌나
흔적 없는데
깨어져 나뒹구는 상석
묘 터임을 알린다
조각난 돌 쪽이
살아선 버젓한
헛기침 치고
행세깨나 했을 터
잘못 짚은 명당인지
막심 불효 자손 탓
죽어진 세월엔
따로 별스러울 수 없으니

여걸 내 어머니

내 고향이 거기 있다
물구재 너머 내동댁
택호는 내동댁
온화하고 활달한 성품
청상 아닌 청상
여걸 내 어머니 사시던 곳

처자식은 굶어도
남봉 가장 얼굴본지 오래
팔자라 여겨 한눈 아니 팔고
맵고 고달픈 시집살이
말로는 못할 사연

6.25가 터졌다
인민군 들이 닥친
장터 장날 그날
보따리 이고지고
달아나기 바쁜 난리
큰형이 아니 보였다

따닥이는 따발총소리
빗발치는 총알 속
사람들 죽기 살기 말려도
홀로 시내 뛰쳐들어
무사히 형을 구해내신
장하신 어머니

문전 나그네 흔연대접
어머니는
집 문 앞 서성이는
걸식인 누구도
빈손으론 아니 보내셨다

종당에는 아끼시던 패물 팔아
별도 관리하시고
다른 용도엔 아니 쓰고
걸인 위해 쓰신 장한 어머니

행복

산 넘고 바다 건너
아득한 하늘 끝 동쪽
행복 깃든 곳 있다가
허기진 배 졸라매고
터진 발 절뚝이며 드니
서쪽 끝이 행복 땅이라

탈진하고 놀란
흐릿한 정신 속
귓속말 들린다
어디에도 행복은 없고
내 마음속이
행복 땅이라고

다른 사람

뒤틀린 허욕
움켜 모아 쥐고
핀잔받을라
돌아앉아
혼자 배부르면
잘사는 보람인지

말라빠진
한 조각 빵이라도
정겹게
주고받아
맺혀진 이야긴
옛말인양
다 털고
웃고 살면 좋으련만

무제

마음속 바램을 비우면
행복은 가까워지고
마음 가득 행복 채우려면
허전이 먼저 담기리
가는 시간 사뭇 멀었고
행복은 마음속 있는데
뭐 그리 바삐 서두나

껍데기

꼭두새벽 집 나선다
손수레 끌고
죄인처럼 모자 푹 눌러쓰고
날쌘 사람 거치기 전
부지런히 동네 집앞 살피며
껍데기 줍는다

한 바퀴 대충 돌고 집으로 가
봉지라면 끓여먹고
뛰듯 잰걸음질
쓰레기 더미로 옮겨가
쓰레기 들쑤셔
돈 될 만한 껍데기 줍는다
흔하고도 귀한 껍데기

주목

화려한 꽃 못 피워
얼마나 한이 맺혀 살았기
죽어 눈부시게 반짝이는
눈꽃 피웠나

살아 천 년 죽어 천 년 산다는
거목 주목나무
시리도록 빛나는 꽃
오래가진 못해도
화사한 어느 꽃
눈꽃 당하리

구름 새로 삐죽 내민 햇빛으로
더욱 해맑고
저 황홀한 눈꽃

저승길

까마귀 을씨년스레
울부짖고
하늘 맴도는 스산한
장삿집

지팡이 의지한 태
상둣집 돌아가는
상여 보고
시름에 잠긴 노인

주검에 순서 없다던
잠시 왔다가는
보잘것없는 인생
목숨은 같을 터
뉘인들 가고플까

대인도 소인도
이승 뜨면 저승길
울고불고 통곡하는
채비만 다를 뿐

마음

지친 몸 내려놓고 쉬니
마음도 따라내려 같이 쉰다
몸은 쉬면 풀리는데
마음은 쉴수록 잡념 일어
미처 몰랐다
몸 마음이 따로 놀 수 있다는 걸

이봄을 보내며

혼자 보내긴
더없이 아까운 이 봄
훈풍 불어
싱그러운 내음 밀려들고
보이느니
온통 꽃들 시새움

들길 나서니
돋아난 생명으로
발 디딜 틈 없어
엉거주춤 서
향기 마셔도
날듯이 맑은 정신

그대 지금 어디 있어
이 봄 아니 맞고
혼자 취하게 해
많은 이야기 떠올려
울음 씹으며
지난 일로 잠겨든다

님

가고 아니올 그대련가
믿지나 말걸
슬픈 인연 마음 찢겨
기다리며 운다

처음 만나 뛰놀던
바닷가 그 해변
달콤히 포옹하며
물수제비뜨며 놀았지

기다림에 지쳐
설레는 망설임
사랑은 주는 거라지만
받고도 싶으니

나는 여태껏
거짓 사랑을 했나
마음속 깊은 곳이
고르질 못하니

망각

땅 문서만 쥐고 있지
흙 한 번 아니 만져본
눈 다른 직위
고대광실 높은 집
질편한 호의호식

뭐가 또 모자라
농군 몫을 빼앗나
얼마 아닌
겨우 직불금을

사람은 망각의 동물
지나면 잘도 잊으니
잠깐 비켜서면
그만인가
이리도 딱한 일이

펀치 볼

붉은 빛 노을 보며
황량한 들판 거닌다
서툰 망상 잡혀
펀치 볼 골짝 오른다
땅거미 짙은 능선 밑 계곡

어둠 그늘 흐려오는
눈앞으로
애절 사무친 영혼들
나를 에워 싸고 울부짖는다
내 부모님은
내 처는
내 아들은
내 형제는 어찌 사냐고

왜 아니 궁금치 않으리
차 타면 붕~ 하고
금방 갔다 올 지척 길
반세기 넘도록
아니 보고
누워만 있으니

추억

황금 노을 등지고 서니
가슴속 새겨진
그리움 떠오른다

다소곳 조신하고
적당히 활달한 성격
노을 따라 떠오른다

잊어야지 잊어
수없이 다짐해도
그게 그리 쉽지 않아

삶은 언제나 서럽고
휘젓고 가는 세월엔
누군들 예외 없으니

욕심

사랑은 주는 거라지만
나는 속물인가 보다
받고도 싶으니
명품사치로 휘감아 나풀대는
호사만 있고
그냥 설익은 딸기처럼
발그스레 머리 숙인 미소
아니면
감당 못하게 터지는
핑크 빛 환한 웃음
그게 그리고
받고 싶고
그리도 좋으려니

검은 옷 입은 여인

댕그렁 풍경 소리만
고요를 깰 뿐
세월도 비켜가는 절간
인기척 아는지 모르는지
한 폭 그림인양
흐트러짐 없이
고독히 앉아 있는 검은 옷의 여인
가는 삶의 마음 메이고
세월보다 굼떠 가슴 저미나

세월

세월이 빨리 간다고
울어댈 터이면
허망이 노는 삶이면
굼뜨게 더디 가도
울어댈 터이니

믿음

그대와 만남은
사랑 아닌 믿음이지
세네 살 아해가
마당서 놀다 방 앞으로 가
엄마 불러보고
엄마다 잘 놀아라
답하는 엄마 목소리 듣고서
마음 놓고 노는 믿음
사람보다 귀한
천부적天賦的 사랑 믿음

3부
아 해

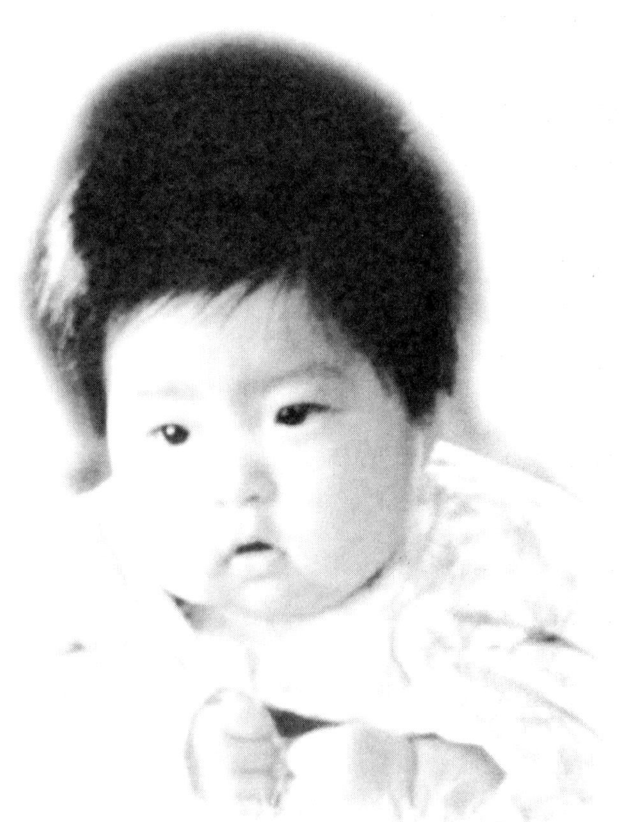

신묘년辛卯年

세월을 마디 잘라 매듭지은
신묘년 새해 먼동이 튼다
삼라만상이 기지개 켜고
모든 생명체
마음 새로이 가다듬는
토끼해 동이 튼다

있다고 거드름 피울 것 없고
없다고 기죽지 말지니
모질게 아무리 살아도
백 년을 살기 힘든 삶
혼자는 살수 없고
남과 더불어 사는 삶이려니

해 아니 끼치고 살 것이나
성인군자 아님
그게 그리 쉽지 않아
오늘부터 맘 다 잡고
알뜰히 맘 굳히면
아니 될 일 없으려니

기왕 살아갈 서걱이는 모래밭
기쁘게 춤추고는 못살아도
슬기롭게 다독이며 살 것이
부질없는 삶은 말아야지

상전벽해

높이 앉아
거드름 피우며
한마디 말이면
무지 몽매한
군상
호령같이 들여
머리 조아리며
뿔뿔이 흩어져
괄시 받아
핏대 난 심술
대포 집 가
술이나 퍼대며
혼자 삭힌다
벽해상전
싹 변한 세상
입 다물고
죽은 척 있어도
속속들이 알건
다 아는 국민
그래도

속 빈 위정자
입만 열면
국민은 제 편이라
목 터지게
소리친다고
뉘라 귀 솔깃
쳐다나 보리

모란꽃 단청丹青

수수백년 꽃 피워도
한 꽃 잎 뜯김 없는
화사한 자태 모란
어지간함 향기 잃을 긴 세월

도무지 모름을 보고 있다
그 어느 분이
무슨 비법으로 그리셨기
이토록 오래 피우는 꽃인가

무한의 생명은 예술
긴긴 시간 변함 모르고
두고두고 보는 이 감탄시켜
아름다운 꽃 영원할 터

륜倫

천애고아가 따로 있나
괜스레
울컥 눈물이 난다

무슨 탈 생김
살갑게 울어줄 사람
없으려니

사람들의 멍들어
시간 따라 스쳐가는
세월 다 놓치고

헝클어진 륜 가리다
서먹한 기운 돌아
꿈을 접게 만든다

희망

꿈을 키워라
주저하지 말고
내일은 새로운 태양이 뜨니
희망 실은 태양이
사람은 누구도
나면서 몫을 타고나니
맘 단지 꾹 채운 재주
그것도
남이 아니 가진
나만의 재주를
움츠리지 말고
노력하면
반드시 이루어지려니

주저하지 마라
노력하면
꿈은 현실로 돌아온다
타고난 재주는 있어도
타고난 팔자는 없나니
일취월장할

나만의 재주 있어도
약하고 용기 없음
무용지물
아까워 어쩌리
전진하라
반드시 꿈은 이루어진다

다른 사람

뒤틀린 허욕
움켜 모아 쥐고
핀잔 받을 라
돌아앉아
혼자 배부르면
잘사는 보람인지

말라빠진
한 조각 빵이라도
정겹게
주고받아
맺혀진 이야긴
옛말인양
다 털고 웃고 살면 좋으련만

여자

서러운 가슴앓이 시련은 가고
멀리만 있던 행복 찾아온 날
들뜬 마음 웃지도 울지도 못했다

희열로 지샌 짧고도 긴 밤
탈 바꾸어 여자 됐다.
왜 이리 설레며 마음 부푸나
쉽게 맺은 남들 잘도 사는데

아해

걱정 근심 모르는
천진난만 아해
젓 빨다
엄마와 눈 맞춰
옹알이 치며 벙글거린다
조그마한 가슴
순과 선으로 찬
한량없는 여유

산

산이 있어 오른다던가
우거진 수풀이 감싸고
간간이 얼굴 내밀며
조잘대며 흐르는 싱그러운 계곡
산세 장엄함을 일깨운다

어디라 기댈 곳 없는
힘든 삶의 지친 군상들
마음 열고 틀어 앉아 쉬어도
싫은 기색 한번 없이
내 집인 양 그냥 쉰다

세월

아무리 모질게 살아도
백 년을 살기 힘든 인간
숱한 하늘의 별
때가 되면 빛 잃고 사라지고

꿈쩍 않고 좌정한 덩치 큰 산
풍상으로 형상이 변하고
이 세상 얹혀사는 무엇도
영원이랑 없을 터

그리움 · 2

한 덩어리 산을
강줄기
끼여 흘러
양쪽으로 갈라ㄴ호아
서로 마주는 보나
만져볼 수 없고

그나마
밤이면
서로 모습 아니 보여
그리움 복 받쳐
눈물 나는데

천우신조
물 가두는 뚝방 생겨
서로 발 비비며
전같이 행복하다

눈

순백의 눈 위에
발자국을 남기고 걷는다
떡판으로 찍은 양
선명한 자국을
태곳적 신비의 처녀지
히말라야 미지에 땅을
밟는 기분

환희의 찬 가슴이 들떠 오른다
잡티 하나 없는 하얀 세상을
나만의 발자국이
흠집을 만든다
대단한 존재도 아닌
내 발자국이
창조주에 그림을 흐린다

세월에 쫓겨 흘러가는 삶
풀 한 포기에 존재도
거스르지 않고
자연에 맡기고 살리

바람이 휘감으면
바람과 어울려
후회 없이 살리

서귀포에서

휘영청 달빛 이고
부둣가에 선다
맵싸한 물비린내
코를 찌른다

고깃배 꾸역꾸역 몰려드니
파도에 지아비 잃었다는
젊은 아낙
널브러져 통곡하고

영문 모를 갈매기
까욱이며 스쳐 날고
바위섬 등대 불빛
물결에 일그러져 운다

무유無有

아무렇지도 괜찮은 걸
그럴싸한 거짓 꼬투리
물고 늘어진다

무슨 씨 없이 순수한데
어물쩍 뭔 씨 생긴 듯
변질되어
구경꾼 어안벙벙
그렇다 아니다
양분되어 논란인다

앞뒤 바쁜 세상
겁 없고 아리송한 저들
덮어놓고 반대
타고남이 그런가
남이 뭐라 하면
고얀스리
깔쭉이고 토라져
시끌벅끌
분란 일으키니

길손

먼 길 걸어 맥 풀린 길손
빗돌 앉아 허심이 쉬고 있다
황금빛 부챗살 석양 노을
황홀히 요술을 부린다

어스레 땅거미 내리는 어둠
길손을 휘감는데
앞산 숲 소쩍새 울음이
길손 귓전을 때린다

허제비

허제비가 말을 한다
씨알 없는 맹랑한 헛소릴
라면상자 앞세우고
변사 같은 달변으로
술술 잘도 뱉는다

허제비가 춤을 춘다
조무래기 앞세우고
게거품까지 흘리며
실속 따라 추는 춤
우스꽝스런 춤을

허제비가 절을 한다
요긴히 쓸모 있게
손을 번쩍 들어주고
신이나 실실 웃는다
그 놈의 보는 눈이 뭐기에

인연人緣

먼 하늘의 별도
창문 열면 마음껏 보는데
지척이 천리
그대는 멀리만 있고
나는 다가서기 어려워
언제고 보지는 못하고
서럽게 만나는 연緣이던가
신이 마련한 조화
공평한 것이라지만
아무래도 어긋난 조화
신도 실수를 한 거지

시간

시간은 잠시도 멈추지 않는다
천지개벽을 해도
가고 나면
돌아오지 못하는 시간
사람들은
시간을 타고 경주한다
줄달음질로

오직 살기 위한 경쟁
남보다 빨리 가려고
무턱대고 가기만 한다
끝을 알기는커녕
어디쯤 가는지 짐작도 못하고
남들 따라
헐레벌떡 가기만 한다

이슬

해 솟는 아침
풀잎에 매달린
마알간 물방울

초롱초롱
순으로 뭉쳐
방실 웃는 아해처럼

초연히
영롱한 빛 들어내며
삶을 마감할
이슬방울

장마

따르릉
전화통이 운다
이렇게 반가울 수가
사방이 물로 갇혀
무슨 탈 터질까
꼴딱 밤을 팻는데
한줄기 희망의 종인
전화벨이 운다
세상에
이렇게 반가울 수가

그리움 · 3

그리움으로 사무친
혜식은 마음
선잠으로 날 밤 새워
희부옇게 눈앞 흐려
발이 헛 놓인다

나의 넋두리

당신과 난 한 번 눈 맞아 살아
어언 벌써 반 백 년
어렵사리 두 자식 거저 얻어
그리그리 잘 길러서
지금은 모두 성년

이제 갈 길이 촉박한가
가래 끓고 무릎 시리어
먼 산 보며 눈시울 적시니
성자 쇠하는 오묘한 섭리
나인들 어찌 어기리

그러나 난 탈을 벗지 못하고
업보 하나 그냥 지고오니
홀가분 털어 뱉고 가야 하나
체면이 막아서 입을 잠그니
나도 사람이라 자탄이 절로다

님

가고 아니올 그대련가
믿지나 말걸
슬픈 인연 마음 찢겨
기다리며 운다

처음 만나 뛰놀던
바닷가 그 해변
달콤히 포옹하며
물수제비뜨며 놀았지

기다림에 지쳐
설레는 망설임
사랑은 주는 거라지만
받고도 싶으니

나는 여태껏
거짓 사랑을 했나
마음속 깊은 곳이
고르질 못하니

4부
길

다짐

찰랑이는 물 위로 비친
어눌한 내 모습
독불장군인양
체면치레 접고
그악히 막무가내로
살아온 나날

부끄럽고 낯 바서
뒤돌아 못보고
앞만 보고 달려온 나

세상 먼 길
마음 길
모질게 배겨왔고
또 가야 할 길은
겉치레 하나 없는
올바른 곧은 길
가야 할 터인데

순정녀

열일곱 순정녀
아버지 언명으로
처음 보는 신랑 따라
도착한 시집살이

삽짝 밀치고 드니
배고프다 재촉
부엌 거적문 들치니
시커멓게 그을린 솥
고구마 몇 개로 저녁 때웠다

삥 둘러친 산 밑
밤은 그리 빨리 오는지
부엉이 우는 소리 겁나
뒷간 못가고
설설 오줌을 쌌다

가을비

추적이는 가을비
주줄이 매달린 감들
볼 터지게 머금은 물
방울방울 뱉어낸다

길

지난 일 묻지 마라
알아도 말 못하고
몰라서도 말 못하니
뒤 아니 돌아보고 앞만 보고 가려니
앞으로 가야 새 길 트이고
정체되어 고이면
살아있어도 희망 없는 꿈
서린 한 풀고 걸으면
희망이 손끝 닿고
가는 길 멀리 아니 있고
눈앞으로 바로 다가오지

천 원짜리 몇 장

꼬질꼬질한
천 원짜리 몇 장이
쪼글쪼글 할머니
들치는 치마 속 나와
수염투성이
시커멓게 딱지 진
뺑튀기 할아버지
장갑 속으로 든다

한숨 고르나 싶더니
이번엔
막국수 집 아줌마
하얗고 예쁜 손들더니
곧바로
거스름돈으로
말끔한 중년 신사
주머니 들어
한참 쉬나 싶더니
요번엔
군고구마 장사

따끈한 손수레 매달린
쌈지 주머니 들었다
잘 접혀 꺼내
은행 아가씨
어여쁜 손으로 든다

역사 이루는 밤

고단한 낮이 끝나고
컴컴한 어둠이 내린다
별똥별이 낭만적으로
빛을 끌고 사라지고
시샘한 달 구름이 가린다

생생한 역사 이루는 밤
거반 벗은 남녀
끼리끼리 어둠으로 숨고
변두리 저 멀리서
커겅컹 개가 짖는다

파장 난 밤거리
술에 거덜 난 몸뚱이
아기 옹알이 치듯
흥얼흥얼
널브러져 드렁드렁 코 곤다

무제

속세로 길들여진 마음
바람은 더디만 오고
기다림은 시간만 흐른다
흩어져 헝클어진 마음
감당키 어렵고
움켜쥔 손 거부저기 뿐
오로지
삶은 세월만 약이라지

문어

빨랫줄에 매달린 문어
넓은 바다 활개치며 산 것
어찌한 연고로
배 갈라 내장 다 빼주고
초라한 외딴집 빨랫줄에
뉘 보신시키려
한심하게 매달려
따가운 햇빛 쬐며 마르나

시간

시간은 잠시도 멈추지 않는다
천지개벽을 해도
가고 나면
돌아오지 못하는 시간
사람들은
시간 타고 경주한다
줄달음질로

오직 살기 위한 경쟁
남보다 빨리 가려고
무턱대고 가기만 한다
끝을 알기는커녕
어디쯤 가는지 짐작도 못하고
남들 따라
헐레벌떡 가기만 한다

잃은 고향故鄕

고향을 잃었다
불빛 따라 날아드는 부나방
대단한 뭐 한일 없이
밝은 빛 경주하는
도시만 쫓아 살아
푸근한 어머니 품 고향을 잃었다

친구들 아는 이 어디가고
옹기종이 모여 산
구순한 동네 어찌 돼
낯선 타관보다 못한
어설피 서러운 불빛
횡뎅그렁하니 가로등만 서있다

울어라

가슴 깊이 사무친 그리운 이
보고프면
울어라
사는 게 힘들고 속상할 땐
망설이지 말고 울어라
사람은 태어남부터
울고 태어나
이승 떠나는 그 시간도
울고 가지 않던가
울어라
기쁘고 슬퍼도 울고
죽을 고비 넘기고 덤으로 살 땐
더 많이 울어라
울고 사는 삶이 일상이니
누가 뭐라 하리
실컷 울어라 울어

속세 풍경

귀신이 곡할 말 아님
아무리 말 잘해도
속세 길들여진 마음엔
통하기 어렵고
돈을 주고 내 말 옳다고
게거품 내며 떠들어봐야
돈만 떼었지
뒤 아니 돌아보고 가려니
뭘 몰라도 한참 모를
위정자 아니던가

수연을 그리며

아련히
마음속 너를 떨쳐 보내고
허전을
앉힐 수 없는 이 마음
세상에는
둘도 없는 슬픔 안고
오늘도 부질없이
나도 모를 길을 간다

답사리 그늘로
웃음 짓고 숨어간
너여 네 마음이여
머언날이 오고 또 오고
이내 몸 죽어지는
뒤인 그 길에도
너를 찾아 찾아
갈길 못 갈 마음 길

성역

무슨 일 또 터졌나
성역 없이
직위고하 막론하고
법대로 하란다.
높은 누군가 말했다
신문에 뜨고
방송이 전한다

이런 딱한 말이
누구도 다 아는 엄연한 말
국민 모두는
법으로 다스리는 것
성역 직위
굳이 왜 말하나

내 귀엔 높고 돈 있음
얼른 그리하고
무지렁 촌백성은
법대로
그리 들리니

유전무죄 무전유죄
그 말이 사실 같으니

없이 살아 서러운데
힘없고 못난 백성
까딱 실수로
잘못만 저지르면
꼼짝없이
혼 줄 당할 처지
암만 생각해도
그냥 불쌍타

이혼

모르리 사람 맘
한 이불 속 살 섞어 산 맘
아무리 싫어져도
칼로 무 베듯 싹둑 잘라
털고 갈라선다
독한 게 사람 맘

처음 한땐
움푹 맘 설레며 맺은 사랑
그리 쉽게 잊고 버려
등 돌리니
모를 것 사람 맘
진저리 치게 매섭다

후회

걸머지고 두고 갈 것도 없으니
홀가분 마음일터
무슨 변곤가
더욱 치덕거리는 마음이니
대단한 무엇도 없으니
필연 쳐다 안볼 외톨이
범은 가죽을 사람은 이름을
맴도는 맘 아무리 쥐어짜도
눈만 어리고 마니
아무래도 내 마음은
별스러움이 요동치나보다

속절없는 세월

립스틱 한번만
살짝 발라도
어여뻤든 젊음
지나든 뉘도
다 쳐다보고 스쳤다

이젠 삶의 끝자락
돈을 바른 옷 입어도
누가
쳐다나 보리
생로병사 넷 계단 중
두세 번째 겹친
늙은이 됐으니

차면 기울고
삶의 섭린 회기
창조주가 마련한
신성한 조화
누가 어기리

마음

지친 몸 내려놓고 쉬니
마음도 따라내려 같이 쉰다
몸은 쉬면 풀리는데
마음은 쉴수록 잡념 일어
미처 몰랐다
몸 마음이 따로 놀 수 있다는 걸

서방

고운님 지척 두고
홀로 지샌 이 한 밤
금침이불 아니 펴 썰렁한 방
처량하고 애절해 뒤틀린 심사

왕복 백리길
님 얼굴 아니 보고 그냥 가려니
다리가 휘둘려 걸음 아니 걸린다

대꾸인사 싫어
입 다물고 나서니
어린 조카 손 내저으며
고개 끄덕인다

주루룩
눈물 왈칵 일어
뛰듯이 빠져나왔다

달라진 고향

게딱지같이 올망졸망
옹기종기 다소 곳
푸근히 모여진 산촌
저녁밥 짓느라
모락모락 연기 피운다

고향은 떠올린 생각만도
아늑하고 포근한 어머니 품
온갖 것 다 비우고
금방 달려가
터놓고 안기고 싶은 곳

별스런 일 터져도
마주보고 웃으면
그저 그만인 곳
그곳이 지금 달라져
맘 허전해 서럽다

허전한 밤

찬란한 불빛
휘영청 요란히 물들이면
예의범절은 숨죽이고
별칭 벌거숭이들
아랑곳없는 눈치로
악머구리 끓듯 와글대며
히히덕거린다
안주하고 살기 힘든 노인들
기댈 곳 없는 구석으로 밀려나
천장만 바라본다

길손

날 저문 해 거름
맘 둘 곳 없는 길손
출렁이는 바닷가 앉아
공상으로 젓는다

낙숫물 바위 판다더니
바닷가 돌멩이는 모가 없다

숨은 작조 길 재촉해도
일어설 줄 모르는 길손
어둠과 한밤 지새우려나

돈

돈이면 다인 세상
그저 그리 살았어도
아직은 배겨나
마음 구기며 산 적 없다

돈은 있어야 하고
필요하고 고맙지만
간직한 마음이나
행복은 살 수 없지

술꾼이 술에 취하면
술이 술을 먹듯
돈에 정신 취하면
그보다 무서운 병 없을 터

5부
어머니

무제

내일로 미루긴
아까운 것이 많은 오늘
그다지
찾을 것도 별로 없고
잃을 것도 없지만
사는 게 뭔지
눈만 뜨면
실속 없는
이 궁리 저 궁리로
삶을 보탠다

모기

모기란 놈이 팔뚝에 앉아
피를 빤다
하룻강아지
범 무서운 줄 모르고
손바닥으로 치면
꼼짝없이 죽을 것이
목구멍이 포도청
우선은 배고파
먹어야 살겠단다

1~2초 뒷면
빨은 피 목구멍 넘기기도 전
이승 하직 뻔한데
모기는 먹을 줄만 알았지
사람 무서움을
도무지 알 수 없을 터

가뭄

먹구름 일고 천둥 울더니
퍼붓는 비
마른 논 물이 든다.
이리도 좋을 수가
논물 한 모금 떠 마신 농부
후줄근 젖은 옷 아랑곳 않고
더덩실 춤을 춘다
모심고 날 가물어
거북등같이 갈라터진 논바닥
도랑타고 물이 차오른다
얼씨구 좋을씨구
어깨가 절로 들썩인다

그리움 · 4

잊는다는
잊어야 한다는 마음
가요하지 마라

보고파 눈물 나면 울고
그래도 보고프면
하늘을 보고 눈을 감지

만남…
헤어짐…
아픔…
그리움…

이 모두는 산 생명이 지고 갈
업보요. 섭리니

못 믿을 세월

세월은 믿을만한 약이라 알고
반짝 빛나는 날 올까
까만 밤 하얗도록
설마 기다림이
결국은 도로 아미타불
하지만
계절만은 한 번 아니 거르고
어김없이 찾아오니
기다리다 낭패하는 세월보다
맘 아니 태우는 계절이 좋다

인연

한순간 인연이
마음 속 그리움으로 틀고 앉아
하염없는 꿈으로 들어
별스런 마음으로 얽혀
많은 밤을 설친다

짧은 만남이
마음속 사랑으로 번져
안주 없는 잡념 일어
일손 버려두고
함께하는 망상이다

한두 마디 건넴이
설렘 마음 휘저어
잡념 다 떨치고
오직 환상만 남아
많은 날을 헤매며 산다

제 꾀에 빠지다

제 꾀에 빠져든 인간들
묻힐 구덩일 스스로 판다
꾀 하나만 밑천삼고
못할 짓 없이 다해내는
기고만장한 인간들
서로 구덩이 빨리 파려 경주한다
헉헉 숨을 몰아쉬며
미친 듯 구덩이 파고 산다
우리들 인간
스스로 영장이라 자랑하나
기실 한치 앞도 못 보니
다른 종과 하나도 다를 바 없는데
뒤틀린 심보 사나워
눈만 뜨면 다치고 죽이며 살아
성한 구석 없이 마구 파헤친 땅
몸살을 앓는다.
어디고 뭉청 허리 잘린 산
희벌건 맨살 드러나 사태지고
시커멓게 냄새 진동하는 썩은 물
물고기 비실대며 죽어지고

매연으로 탁해진 공기 숨쉬기 힘들어
만물 어지럽게 시들댄다
배부르면 고만이지
또 뭔 직성 아니 풀려
멋대로 헤치며 파대는지
무성하면 도태淘汰시키는 철리
섭리燮理 거스르며 잊고 산다
오로지 꾀 하나만 믿고

산

산만 보면 숙연해
울컥 눈물이 어린다
몰아치는 비바람
사태로 한 귀퉁이 도려내도
묵묵부답
가리비 마냥 입 다문 채
표정 한 번 아니 바꾸니

품

만고에 근심 없고 설움 없는
그곳
너무 기뻐 눈물 흘릴지언정
외롭고 슬퍼서는
눈물 흘릴 일 없는
그곳
세상엔 오직 한곳뿐
또는 없는
따사롭고 푸근한
어머니 품이려니

낯선 타관 떠돌다
아무리 지치고 힘들어도
그 품만 안기면
무슨 일인들 다 잊고
맘 놓고 편히 쉬리
그 품 안겨
젖 빨고 잠자던
엄마 품이니까

삶

가깝고도 먼 길
재촉은 왜 하나
가는 길 힘들면
드문드문
거울을 보라
몰입해가는 길
어디쯤인지
짐작 갈 터니

누굴 탓하리
할 탓인 걸
성하면 쇠하는 섭리
순응하면 편하고
누군들
어길 순 없을 터

참 웃음

진심으로 해맑은
웃음들
선물 받고 싶으면
어린이 집으로 가라

안아주거나
한 구절 동화 들려주면
티 없는 맑은 웃음
선물 받을 터니

세월

재촉해가는 세월 무서워
아픈 척 처져도 보고
바꿔어 돌아보는 날 싫어
집안의 달력을 치운다
가는 세월아…
부디 눈 한 번 질끈 감아주면
가진 거 뭐든 다 주련만

가시라

떠나가시라
내 마음 싫고 역겨우면
말없이 가시라
미련 걸치닥거리고
발길 머뭇거려도
마음 다 잡고
돌아보지 말고
그냥 가시라

둥지

기러기 떼 날아 울며
남쪽으로 길 트고
머리맡에 떠 놓은
자리끼 얼어드는 동지 달 긴긴밤

오줌 누러 일어나면
장작 아끼시려
군불 아니 지핀 차디찬 냉바닥
식어 불씨만 남은 화로

언제고 어머닌
요 한 귀퉁이 깔고 앉아
추운 줄 모르시고
물레로 실만 잣고 계셨다.

얼마나 암담하고 애절했으리
의지해 기댈 곳 없는
생판 낯선 타관
어린 형제 재워놓고
어찌 잠이 올 수 있으시리

불공

꼬질꼬질한 천 원짜리 몇 장
부처님 방석에 얹어놓고
죄스러워 무릎도 꿇지 못하고
넙죽 엎드려 절 한 번 하고
스님보기 면구스러워
잰걸음으로 절 마당을 나오니
없는 설움 무서워
눈이 어려 앞이 아니 보인다

풀 한 포기

무슨 사연으로
밟혀만 사는지

기름진 땅 마다하고
길가에 뿌리 내려

한평생
꺾이는 아픔
길들이고 있으니

부르는 봄

고집 센 겨울도 비켜서는 양지
봄을 부르고
두터운 얼음 헤집고 흐르는 계곡물
봄을 부르고
눈꽃 피운 시든 풀 지지개 펴며
봄을 부르고
털복숭이 버들강아지 눈 틔우며
봄을 부른다

밤거리

아쉬움 남는 비 내리는
허전한 밤거리
미련이 뭐라고
마음의 비를 맞나

무작정 울고만 싶은
허전한 밤거리
모두가 술 취했나
적막을 깨고 있다

얼마를 또 걸을까
허전한 밤거리
발이 병이 나야
끝이 날 여정

할머니

휘영청 달빛
사뿐히 내려앉은 마당
어린 손녀와 말장난
호호 할머니
아가 착하게 살면 편하고
마구 살면 힘들지
밖에서 보면
모두 다 행복스럽고
안으로 살피면 다 힘들지
아무도 걱정근심
놓을 장사 없다지

어머니

서산마루 해 넘고 땅거미 내리면
오시는 어머니
초등학교 2학년 아홉 살까지
젖을 빨아 어머니를 더 지치게 하였다
365일 하나같이 날이 궂어도 도붓짐을 이시고
어디고 사람 사는 곳이면 드나드시며
피륙을 파셨다
이 세상 어느 어머니가 자기 자식 사랑하지 않을 까만
어머니는 유별히도 더 하셨다
그러니까 지금부터 칠십여 년 전
내 나이 일곱 살 때
이천 장호원과 감곡 장호원을 양쪽으로 갈라 치며 흐르는
청미천변 원수골로 넘어가는 지름길인
모래사장을 어머니 뒤를
맨발인 채 따라가던 나는
삼복 염천으로 달아오른 모래가
발을 디딜 수 없게 너무도 따가워
그냥 백사장에 털썩 물러앉아
엉엉 울고 말았다

그러니 저만치 앞서가시던 어머니는
내가 따르지 않고서 울고 있으니
가시던 발길을 되돌려 내게로 다가와
껴안고 우시니 어머니 눈물이 박박
깎은 내 정수리로 타고 내려와
찝찔한 맛으로 변해 내 입으로 들어올 때
어머니는 내 손에다
십 전짜리 동전 한 닢을 쥐어주시며
배고프면 뭐든 사먹고 집에 가서 놀라며
열기로 이글거리는 모래밭 터벅이며 걸어가시던
어머니 모습이 지금도 선하게 떠올라
나도 모르게 하염없는 눈물이 흐른다
타고난 분복이 고만이면
어딜 가나 고만이라는 동리 사람들의
한사코 말림을 뒤로하고 우리 모자는
조상 대대로 살아온 경상도 땔부석을 등지고
연신 풀무를 부쳐대야만 올라가는
목탄차를 타고 죽림 재를 넘어 정착한 곳이
충북 음성 감곡 장호원
그곳에서 우리 모자는

집이라 말뿐인 찌그러진 남의 집 헛간을 빌려서
터진 앞과 땅바닥엔 헌 가마니를 치고 깔은
겨우 하늘에서 내리는 비만 피하는
누더기 은신처서
나는 배고픔을 이기지 못해
피륙 도붓장사 하시는 어머니 뒤를 따라다니며
한 술 동냥밥으로 주린 배를 채우곤 했다
지금 세상이야 먹을 것이 지천이라
아닌 말로 양보다는 질을 택하는 삶이나
그 시절 세대는 너나없이 우선은
먹고 사는 일이 절박한 시절이라
어머니가 장삿길에
이 집 저 집서 얻어내는 깡 보리밥 한 술씩은
어머니 혼자 먹어도 차지 않을 양을
내가 워낙 철부지라 내 배가 다 차고 남아야만
어머니 몫으로 돌아갔으니
허구한 날 어머니는 허기진 배로 보내셨으리

그리 자란 내가 어머니 말씀을 고분고분 잘 들었어도
한이 많이 남을 터인데

참으로 어설프게도 문학을 한답시고
떨거지들과 객지로 떠도는 행색이니
필연으로 어머니 돌아가시는 마지막 임종마저
지켜보지 못했으니
이 죄를 뭐라 말씀 드리리요
그래도 분명 탈 씀은 사람이라
많이 때 늦은 이제사 잘못을 후회하고
참회하고 있습니다. 어머니
어머니 저 또한 어머니 찾아 뵈일
날이 머지않은 것 같습니다. 어머니

자연인 박씨

시간 맞춰 다녀야 하는 직장이 싫어
그다지 나쁘지도 않은 회사를 마다하고
사직을 하고 말았다
며칠 쉬곤 가진 거라곤 빈손뿐이니
도리 없어 자영업 장사라는 일컬어
땡치기 장사인 한물간 재고품을 뭉치로 사다가
돌아다니며 떨이로 파는
넝마 장사를 시작했다
얼마 전만해도 직장 파하고
어영부영 술 몇 잔 걸치고 밤늦게 집에 와
그냥 벌렁 누워 자곤 날 밝아 눈 뜨면
시간에 쫓겨 물수건으로 대충 얼굴 한번 훔치곤
찬밥 아니면 라면으로 한 끼
허둥지둥 때우고는
그럭저럭 치장이라 얼른 마치곤
헐레벌떡 직장 가던 일 생각하며
이불 말아 덮고 뒹굴고 있어도
바쁜 일 걱정이란 없고 날 궂어 나갈 맘 없으면
그냥 또 자도 별 탈 없이 마음 세상이
온통 나만을 위해 존재하는 것 같아

더할 나위 없이 편하고 좋다
그러나 목구멍이 포도청이라
산 입에 거미줄 못 치게 돈을 벌어야 사는데
어디 남의 맘 얻어 돈 벌기가 그리 쉬운 건 아니라서
처음엔 그리그리 잘 돌아가는 것 같아
그럭저럭 마음 편히 살겠더니
날이 궂거나 고단하면
술 한 잔이 열 잔으로 커져
빠듯한 주머니 다 털리고
때 지나면 뭐든 먹어 달라 꼬르륵 소리 울어대는
배를 쥔 게 없으니
부랴부랴 허겁지겁 보따리 챙겨
장사하러 나가자니
눈앞이 절로 흐려져 앞이 잘 안 보인다
그런 형편으로 집을 나섰으니
온종일 돌아치고도 빈탕
별 수 없이 무거운 걸음으로 돌아와
이런저런 생각으로 잠을 설치고
천장만 바라보고 누웠으니
입하나 먹고 산다는 게 이리 힘 든다는 걸

이제사 깨달아 끙끙 앓고 있는데
그 전날 회사 나갈 때 사직을 그렇게도 말리던
사촌 누나가 와서는 이리저리 방안을 살피더니
혼잣말 궁얼거리며 나갔다
돌아와서는 진주성찬은 아녀도
그럴싸한 밥상을 차려놓고
얼른 일어나 밥을 먹으란다
얼굴 못 들게 민망하고 죄송하나
우선은 배가 고파 밥을 먹고 나니
참고 밀렸던 눈물이 왈칵 올라와
벽을 보고 비시시 웃고 말았다

가난

가난이 얼마나 모질고 서럽길래
아들 낳길 싫어하나
며칠 전 양아들 내외가
둘째 딸을 낳고 이름을 지으러 왔다.
이름을 지어주고 큰애가 딸이고 또 딸이니
아들 한 놈이 있어야 늙어서 의지할 때 있어 좋고
마음 든든하고 보기도 좋으니
아들 한 놈을 더 낳으라고 말을 꺼내니
저들은 딸 둘이면 서로 의지해 살기 충분하고
아들 있으면 가진 게 없으니
후일 장가들 적 물려줄 건덕지가 없으니
가난만 물려줘야 하니
아이들 보기 미안하고 염치없어 기 펴고 살 수 없을 터이니
두 딸만 잘 길러서 시집보내고
우리 내외는 그냥 되는 데로 즐겁게 살면 된단다
아이들을 보내놓고
그 말을 되씹으며 생각하니
빈말도 아니요 정말 그럴싸한 말 같다
우리 클 때야 부모님들 내 남 없이 생기는 대로
대책 없이 무조건 낳다 보니

식구 모두 다가 서로 고생이고 커갈수록
아이들 틈바구니서 누가 뭐래지 아니해도
가장이란 푯말에 짓눌려 지쳐
몸 져 누울 때까지 아이들 뒷바라지에
고달프게 살아야 했다
새겨 볼수록 양아들 내외 말이 그럴싸하다
애 한 놈 대학 보내자면
등록금이니 뭐니 해서 년 이천만원은 있어야 하고
남들같이 따라 하려면 삼천만여원은 가져야 한다
그러니 아들 딸 셋만 되어도
뒷바라지 하려면 걱정이 태산인데
물려주기는 고사하고
하나 가진 거 없는 가난한 못난 부모라
정말 기 한번 펴지 못하고
염치없이 눈치 보며 살아야 할 판이니
아닌 말로 생목숨 끊을 순 없고
이리저리 치어 살자니
그 마음 고생이 어떨까 생각하니 이해가 간다
옛날엔 대물림이 뭔지 뒷생각 없이 낳기만 하면
먹을 건 절로 타고 난다고

그냥 살고 말았지만
이 밝은 지금 세상엔 아이들도 여간 내기가 아니라서
남에게 지곤 못사니 가난 대물림 싫어서
아들 아니 낳겠다는 생각 참으로
그럴싸한 생각일지도 모르겠다

심심해서

여자들이 허여멀건 통 다리를 내놓기 시작한 건
6.25가 지난 뒤부터 시작됐다
여자들 전엔 겹겹이 치마를 껴입고도
행여 속살이 보일세라
치렁치렁한 치마 끝을 끌고 다니다시피 살면서도
펄렁 바람 일면 속살 들어날까
치맛자락 당겨 쥐고도 전전긍긍하며 지냈다
사람들 속성은 누구도 걷 보다는
아니 보이는 속안이 더 보고 싶은 심정이 인지상정
여자들 적당한 노출은 보기도 좋거니와
사람마음을 편하고 밝게 하고 살기
힘든 세상에 활력소가 된다
그런데 요즘 더러 많은 여자들
누가 더 많이 노출하나 서로 경쟁하듯
안달 난 사람처럼 거반은 더 벗은 여자들이
어청거리고 지나치면
보기 좋기는 고사하고 얼떨한 생각이 먼저 드니
나 혼자 마음은 아닐 터다
알다가도 모를 일 여자들 마음
무엇이건 다 들어나 보이기 보다는

옷 속 깊숙이 파묻힌 그 속이
남성들 에로틱한 속성이 더 생겨날 터인데도 말이다
그러나 어쩌리
6.25 이후 미군과 같이
서구문물이 소나기 퍼붓듯 밀려들어
너도 나도 나만의 자유 누린다고
선부른 세월에 마구 휘둘려 살아
나중엔 길거리 풍속이 어찌 돌아갈지
나로썬 그저 그냥 구경만 하고 살면 되겠지만
드문드문 상 찌푸려지게
역겨움이 앞설 때가 많이 있을 터이니
그냥 눈감고 살 수밖엔
달리 뾰족한 무슨 방도는 내겐 없으니

주머니

꿰찬 주머니가 두둑할수록
효자를 많이 둔다는 말이 있다
그러나 나는 덜컹 소리만 나는
빈 주머니만 차고 있으니
효자는 고사하고 빈 주머니 덜걱이는 소리에
강아지만 놀라 커겅컹 짖어댈 뿐
자식이고 남이건 겉으론 몰라도
속심은 살갑게 웃어줄 턱이 없을 터다
생각이 여기 미치자
나라고 왜 서운한 마음이 아니들리
생각하는 동물이라면 너 나 없이 천부적으로 타고난 상정이리
사람이라면 누구든 고하를 막론하고
풍족한 물질을 사랑하고 나 역시
젊은 어느 한땐 비록 떵떵거리고 살진 못했어도
허여 멀건이 두둑한 주머니 꿰차고
때 빼고 광 낼 처지로 살만한 기회가 있었다
그러나 내가 워낙이 못난 데다가
모질기까지 못하고 거기다 시거든 떫지나 말아야지
하룻강아지 범 무서운 줄 모른다고
그냥 헙헙이 웃고만 살아

쥐고 있던 푼돈 누가 뭐든 같이 해보자는 그 말이 고마워서
펄렁거리며 쉽게만 살은 동티로
얼마 못가서 그 놈의 돈이 썰물 빠지듯
걷잡을 수 없이 스스로 빠져나가
내 앞이 컴컴한 밤길이 돼버려
되려 남에게 빌어 꿔먹는 신세가 되고 말았다
물론 내가 살기 위해 남을 해쳐대며 살 것도 아니고
아옹다옹 살벌하게 살 것도 아니다
그러니 땀 흘리고 정정당당하게
노력한 대가로 살아야 할 터인데
그게 그리 말같이 쉬운 노릇이 아님을
많이 때늦은 이제사 깨달아
조금은 후회스러우나
그런대로 운이 좋은가 수수하게 그리 그리 지내나
드문드문 살고 온 지난날이
주마등같이 눈앞을 스쳐가
나 혼자 실소하며 산다

6.25 가난

콧바람에도 떨 것 같은 판자벽
비바람 치면
벽 전체가 밀려갔다 당겨진다
피난길에 한 칸 방을 겨우 빌려서
네 식구가 함께 자기 뭣해 값싼
엷은 판자로 반을 막았다
해묵어 낡은 집이라 지붕이 빗물을
방바닥으로 떨어뜨린다
그러니 젖은 방바닥 여기저길
해결하느라 절로 잠을 설쳐 고단해
푸석한 얼굴이나 그래도 먹어야 사니
늦을 새라 마을 안으로 들어 적당한
집을 골라 얼마고 울 밑 서 쪼그리고
기다리다 밥 푸고 누룽지 긁는 소리
나면 재빨리 부엌문 앞으로 가서
아이들 용돈 얻는 시늉인 양손을
함께 포개곤 누룽지라도 좀 하곤 얼버무린다
그렇게 서너 집을 더듬어 집으로
가서 끓여 아침 점심 겸 걸치기로
허기진 배를 채웠다

그리곤 동네 끝 엿집으로 쏜살같이
달려가 수수강냉이 엿을 조금 떼다가
온 식구가 다 나서서 팔아 얼마간 남는 돈으로
깡 보리죽을 쑤어 후루룩 마시곤
잠자고 날이 밝으면 같은 짓을 두 달여 하곤
집으로 돌아왔다
젊어 고생은 사서도 한다는데
나는 절한 고생이라 추억이 깊어
웃음도 나고 그렇다

망나니

칠십여 억 가까운 지구상 인간들
그리 많아도 닮은꼴은 하나도 없다니
신이 아닌 인간 능력으론
도무지 불가능한 일일 터
아무리 인간들 스스로는
만물의 영장이라 자랑은 하지만
기실은 한 치 앞도 내다 볼 수 없으니
다른 생명체 삶과 하나도 다를 바 없는데
우리들 인간 사실이 그러함을 번연하게 알면서도
꾀 많음을 밑천으로 현대 문명을 이룩했다는
기고만장한 허욕으로 뭉쳐
모든 생명체가 다 같이 공평히 누려야할
소중하고 귀중한 자연 자원을
인간들만이 독점하고 산다
그러니 지구상 자연 자원을
어느 한쪽이 멋대로 마구 써도 좋을 만치
넉넉하지가 않다는 사실이니
그냥 빠듯하게 사이좋게 먹고만 살라는 게 분명한 사실인데
배부르면 고만이지 뭐가 또 모자라
멀쩡한 장난기 심술로 멋대로 마구 다치고

죽이며 사는 건지 도대체
그 심술보는 알다가도 모를 일이다
그리고도 지금도 잘못을 아직도 깨닫지 못하고
반성은 고사하고 천지개벽할
크게 놀랄 일을 또 저지르려 궁리하고 있으니
그게 바로 언감생심 제정신으로 누구도 엄두도 못 낼
감히 신의 영역을 침범하러 달려드니
그 일이 인간을 서로 닮은꼴로 복제하려 든다는 사실이다
과하면 욕이고 화가되니
자연 섭리는 삶의 법칙이니
성成하면 쇠衰하고
도태시킴이 천리요. 순리이니
딱하게도 인간들이 깨닫지 못하고 멋대로 마구
살고 있으니 불쌍하다 못해 측은하기 그지없다

판관

법원 앞마당엔 한 치 오차 없는
수평 저울이 걸려있다
어느 쪽으로든 조금도 치우침이 없이
사리 분별이 공평하게 가려 주라고
법관을 일깨워주는 저울이다
그런데 중국법원 앞마당엔
저울대신 이마에 뿔이 달린
해태상이 눈을 부릅뜨고 좌정해 있단다
이유인 즉 심보 검은자가 나타나면
뾰족한 뿔로 치받아
나쁜 사람은 얼씬 거리지 못하게 한다는 이유란다
그러니 우리 법 마당 수평 저울이나
중국 법마당 뿔 달린 해태상이나 목적은 하나같이
만백성이 살아가는데 서로 불편한 일이 터지면
어느 쪽이던 억울한 사람이 없도록
공평하게 판결하라는 가르침이 목적일터다
그러나 아무리 수평저울이 여기저기 걸려있고
뿔난 해태상이 구석구석 앉혀놓았다 한들
법관 심상이 반듯하지 않으면

소용없는 헛수고일 뿐이다
그것도 잘잘못이 엇비슷하다면 몰라도
누가 봐도 흰 것이 분명한 것을 까맣다고 판결을 한다면
어떻게 될까
성인 아닌 삼척동자라도 희고 검은 건 확실히 알 것인데
얼마 전 어떤 사건 판결은
분명 검은 걸 희다고 판결해서
민심이 온통 벌집 쑤셔 놓은 양 분분했었다
이 세상 칠십여 억 인구 중 서로 엉켜 살다 보면
잘잘못이 생겨나게 마련이고
그 일을 공평하게 가려야 되겠기에
녹을 주고 재판관을 두는 것이다
그러니 사건이 터져나면
올바르게 판결해 수습해야할 법관이
엉터리 판결로 되려 혼란을 부추기는 짓거리로
사회 질서를 혼란시킨다면
참으로 딱하고도 별스런 일이다
그러니 사람이 아무리 총명하고 잘나도
혼자는 살수 없고 더불어 살아야 하니
크나큰 걱정이 아닐 수 없고 높고 권세부릴

직위가 눈앞을 아른거리고 누런 황금덩이가
뒷구멍으로 보일락말락하는 어스므레한 세상에
힘없고 가진 거 없이 배겨나기란 엄청나게 힘들고
똑바른 마음으로 살아가긴 더없이 힘든
세상을 살아가고 있는 것이다

정화 시집

情정

초판인쇄일 2014년 11월 14일
초판발행일 2014년 11월 17일

지은이 : 정화
펴낸곳 : 도서출판 문학공원
발행인 : 김순진
편집장 : 전하라
디자인 : 김초롱
등 록 : 2004년 3월 9일 제6-706호
주 소 : (우편번호 130-814)서울 동대문구 난계로 26길 17호
삼우빌딩 C동 302호 스토리문학사
전 화 : 02-2234-1666
팩 스 : 02-2236-1666
홈페이지 : http://cafe.daum.net/yob51
이메일 : 4615562@hanmail.net

※ 잘못된 책은 교환해 드립니다.
※ 책값은 뒤표지에 있습니다